L'IDÉE DE DIEU

—

LA PHILOSOPHIE A URIAGE-LES-BAINS

PAR

Claude-Charles CHARAUX

Professeur honoraire de Philosophie à l'Université de Grenoble

———

PARIS

A. PEDONE, ÉDITEUR

13, rue Soufflot, 13

—

1903

L'IDÉE DE DIEU

—

LA PHILOSOPHIE A URIAGE-LES-BAINS

L'IDÉE DE DIEU

LA PHILOSOPHIE A URIAGE-LES-BAINS

PAR

Claude-Charles CHARAUX

Professeur honoraire de Philosophie à l'Université de Grenoble

---

PARIS

A. PEDONE, ÉDITEUR

13, rue Soufflot, 13

1903

L'IDÉE DE DIEU

LA PHILOSOPHIE À URIAGE-LES-BAINS

La saison ne bat son plein dans la charmante station d'Uriage qu'assez avant dans le mois de juillet : on y peut jouir jusqu'à cette époq e, dans une demi solitude, du bienfait des eau thermales et des promenades les plus variées, au sein d'une fraîche et riante nature. C'est le moment qu'avait choisi depuis plusieurs années l'éminent professeur de philosophie dogmatique à la Sorbonne, M. Paul Janet, pour y venir retremper ses forces et se reposer des travaux de l'année. On était aux derniers jours de juin de l'année 1895, quand son arrivée nous fut annoncée à Grenoble, et dès le lendemain, par le premier train de l'après-midi, la matinée étant pour les soins de la cure, je montais à Uriage où je n'eus pas à chercher longtemps celui qui était, avec sa famille, l'unique objet de ma visite.

A quelques pas de la gare, devant un petit magasin
où l'on vend tous les journaux et quelques livres
d'une littérature qui n'a rien de philosophique,
M. Paul Janet s'entretenait avec un homme d'un
âge mûr, un peu plus jeune que lui toutefois, et
que je reconnus aussitôt.

Nous avions fait ensemble quelques années aupa-
ravant, dans la voiture publique qui conduisait
alors les voyageurs d'Uriage à Vizille, une excur-
sion dont le meilleur résultat ne fut pas celui que
j'attendais. Faute, en effet, de nous être assez
exactement renseignés, nous avions choisi pour
visiter le château et ses souvenirs historiques un
jour où il n'était pas ouvert au public. Le concierge
fut impitoyable; il venait de recevoir des ordres sé-
vères dont l'impression était encore trop récente pour
qu'elle s'effaçât au contact des arguments qu'on
emploie d'habitude, et non sans succès, en pareil
cas. Il nous permit toutefois de visiter le parc créé
par l'illustre Connétable, et, dans cette promenade
qui dura plus d'une heure, comme d'ailleurs dans
tout le cours du voyage, je pus jouir de la conversation de mon compagnon d'infortune.

Je dis jouir, et non sans dessein, car celui-ci
docteur en médecine, né et exerçant à Paris, n'était
pas du tout le bavard incorrigible auquel on
n'est que trop souvent condamné en voyage, et
qu'on supporte avec résignation, mais le causeur

aimable et discret qu'on ne se lasse point d'entendre. La note dominante de son caractère était ce mélange heureux de bonhomie et de finesse qui n'est point rare à Paris, et qu'on y peut constater, bien qu'à des degrés divers correspondant à ceux de la culture, presque dans toutes les classes de la société. A plus forte raison avait-il plus de charme chez un homme qui joignait au savoir, et à une excellente éducation, le don d'observer et l'expérience de la vie. Nous nous étions, depuis ce jour-là, dans mes fréquentes mais courtes visites à Uriage, rencontrés quelquefois, le plus souvent seul à seul.

Fort à propos pour moi, après l'échange amical, affectueux, des politesses ordinaires, l'entretien reprit au point où mon arrivée l'avait un instant suspendu. M. Paul Janet, à quelle occasion, je ne m'en informai point, s'étendait avec complaisance sur le talent et les qualités philosophiques d'un de ses collègues à la Faculté des Lettres pour lequel il semblait avoir autant d'affection que d'estime. En particulier il décernait de grands éloges à l'un de ses premiers ouvrages bien connu des philosophes, et aussi des savants qui comprennent quels rapports étroits unissent leurs études préférées à celle de la philosophie. « Si vous voulez bien connaître M. X... dit en forme de conclusion M. Janet, c'est là qu'il faut l'étudier; c'est là qu'il est lui-même, tout entier. » Il regrettait seulement que le soin d'une santé délicate ne lui permît pas d'écrire autant que ses amis et ses auditeurs l'auraient désiré pour son honneur, et pour celui de la philosophie française.

Il n'est pas rare que dans une conversation familière comme était la nôtre, un nom propre en appelle un autre, et celui-ci un troisième, en vertu des rapports suggérés par l'association des idées, et, cette fois, par la ressemblance des fonctions. Ceux de plusieurs philosophes qui enseignent présentement à la Sorbonne, au Collège de France, à l'École Normale, se succédèrent avec rapidité, et leurs travaux les plus récents sur lesquels j'interrogeai M. Janet furent, de sa part, l'objet d'appréciations où sa bienveillance ordinaire s'alliait à une absolue sincérité. Peu d'hommes, surtout peu de philosophes, ont su, au même degré que lui, unir dans leurs jugements, sans qu'il lui en coûtât le moindre effort, ces deux qualités, les premières d'une critique sérieuse en tout genre d'œuvre et de travail. La bienveillance, d'ailleurs si bien justifiée dans le cas présent, du Maître aimé et estimé de tous ne fit que mieux ressortir la réserve par laquelle se termina cette revue sommaire. « Une chose toutefois, nous dit-il, manque à cette activité féconde de nos jeunes philosophes; — il les estimait jeunes par rapport à son âge, — c'est à peine, en effet, si dans leurs Essais les mieux conçus et les plus intéressants le nom et l'idée de Dieu apparaissent à de rares intervalles : souvent même ils n'y brillent que par leur absence. Je leur en ai fait le reproche, je leur en ai demandé les raisons..... »

— Et que vous ont-ils répondu, interrompit vivement le docteur?

— Ils se dérobent ; ils s'excusent sur la profonde obscurité qui, selon eux, enveloppe cette idée impénétrable, incompréhensible. ›

— Incompréhensible, reprit le docteur; je voudrais bien savoir d'eux ce qu'ils pourraient comprendre sans le secours de cet incompréhensible, et s'ils ne lui demandent point, discrètement à part eux, des lumières dont on ne saurait se passer, quand on veut, en quelque recherche que ce soit, aller au delà des surfaces ou des pures abstractions. Sans doute ils n'ont jamais lu, ou ils ont oublié les belles pages que M. Jules Simon a écrites sur l'incompréhensibilité de Dieu dans son livre de la *Religion naturelle* (1). Je ne crois pas qu'il ait nulle part ailleurs, mieux pensé et mieux dit.

Le nom de M. Jules Simon évoquait dans la mémoire de M. Janet le souvenir d'un fait récent, ravivait une émotion à laquelle nous ne comprîmes

(1) La *Religion naturelle*, Iʳᵉ partie, chapitre II, pages 34-82.

rien d'abord, jusqu'à ce qu'il nous en eût expliqué la cause.

— Jules Simon, nous dit-il, avec une animation qui ne lui était pas ordinaire, Jules Simon..., mais nous avons eu, à l'une des dernières séances de l'Académie des Sciences morales, — était-ce au cours même de la séance, en présence des collègues réunis, ou à la sortie, dans une conversation particulière, M. Janet ne nous le dit pas, et nous ne songeâmes pas à le lui demander, — sur cette question de la nature de Dieu, mais tout spécialement sur la place qu'elle doit occuper dans l'étude et l'enseignement de la philosophie, une discussion des plus vives. Celle qu'il lui attribuait, ou plutôt qu'il attribuait à la théologie, me parut excessive, et telle que je ne pus me retenir de protester avec quelque vivacité. Allait-il, comme je crus l'entendre, jusqu'à subordonner la philosophie à la théologie, ou bien l'ardeur de la discussion nous entraîna-t-elle l'un et l'autre, à dépasser, à exagérer notre manière de voir? Il est fort possible, et c'est le résultat ordinaire des polémiques de cette nature où, bon gré, mal gré, la passion finit par intervenir, au grand préjudice de la clarté des idées et de leur précision. On ne devrait traiter ces questions que la plume à la main, dans le silence du cabinet, ou par correspondance. Ainsi faisaient, au dix-septième siècle, Descartes, Arnaud,

Malebranche, Leibnitz : nous aurions tout à gagner à suivre leur exemple.

Sans aller aussi loin que Jules Simon, je crois m'être exprimé, ajouta M. Janet, avec assez de force et de clarté sur cette question capitale de Dieu et de la Théodicée dans une Leçon que la *Revue philosophique* de Ribot a donnée tout entière, en attendant qu'elle paraisse dans un livre (1) qui sera, s'il plaît à Dieu, le couronnement de mes travaux, et le résumé de ma pensée philosophique.

— Cette Leçon je l'ai lue avec un vif intérêt, interrompit le docteur, sur l'indication d'un de mes amis qui libre de son temps, et d'user de ses loisirs comme il lui plaît, veut bien me signaler tout ce qui se publie d'intéressant dans le domaine de la philosophie et des Lettres. J'apprends avec plaisir que je pourrai la relire et la méditer dans l'ouvrage dont vous m'annoncez la publication

_____

(1) Ce livre a paru en 1897, sous ce titre : *Principes de Métaphysique et de Psychologie*, 2 vol. Delagrave, éditeur. La Leçon dont il est ici question, ou plutôt deux Leçons résumées en une seule ont pour titre : *Des rapports de la philosophie et de la théologie*, tome I, pages 123-224. Nous en extrayons seulement les lignes suivantes : « Bien loin d'étouffer la pensée, la grande théologie la conduit sur les cimes les plus élevées, et la doctrine des mystères lui ouvre les voies les plus larges. » tome I, page 224.

prochaine. Je ne crois pas, en effet, que votre
pensée en tout temps si claire ait jamais atteint ce
degré de profondeur.

— Jules Simon, s'il vous entendait, reprit en
souriant M. Janet, ne manquerait pas d'ajouter que
j'en suis redevable à la part très large et très légitime que j'ai accordée aux trois grands mystères
du christianisme : Trinité, Incarnation, Rédemption,
dans cette Étude sur les rapports de la Métaphysique et de la Théologie. Peut-être, après tout,
n'aurait-il pas absolument tort.

Mais j'ai le regret, messieurs, de vous quitter, et
de ne pouvoir m'entretenir plus longtemps avec
vous. J'ai même dépassé de quelques minutes
l'heure à laquelle le docteur m'attend aujourd'hui
dans son cabinet : il est habitué, de ma part, à
plus d'exactitude. — Puis se tournant vers moi :
nous nous retrouverons, n'est-ce pas, me dit-il, à
l'heure où commence le concert de l'après-midi,
sous l'arbre que vous connaissez, et à l'ombre
duquel nous avons l'habitude de nous asseoir
pour l'entendre, ma femme, ma fille et moi.

•

Le docteur attendit à peine que M. Janet se fût
éloigné de quelques pas, pour me dire :

— Voilà deux disciples du même Maître qui,

assurément, se ressemblent fort peu, sauf en un point : mais ce point, à mon avis, est d'une extrême importance.

— Veuillez vous expliquer, je n'entends pas bien.

— LE DOCTEUR. — Vous n'ignorez pas les relations de Jules Simon avec Victor Cousin?

— On les connaissait déjà, mais il a pris soin de nous les raconter lui-même dans le petit livre que vous avez lu sans aucun doute. Les éloges qu'il y décerne à son Maître sont tempérés par quelques traits de fine et discrète malice.

— LE DOCTEUR. — Mais peut-être savez-vous moins bien à quel point M. Janet a gardé pieusement la mémoire de celui qui fut, au début de sa carrière philosophique, son guide et son protecteur?

— Vous voulez dire à l'époque où tout jeune encore, à sa sortie de l'École Normale il avait accepté d'être son secrétaire aussi laborieux qu'intelligent. Il m'en a parlé, mais rarement.

— LE DOCTEUR. — C'est un sujet sur lequel, au contraire, il est revenu plusieurs fois dans nos entretiens, comme sur un des meilleurs souvenirs de sa jeunesse. La louange qu'il faisait du Maître, bien qu'elle dépassât, selon moi, tant soit peu la mesure, était très sincère : on le sentait à l'émotion de la parole.

— Elle fait le plus grand honneur à la reconnaissance de M. Paul Janet. Mais le point, je vous prie, ce point d'une extrême importance sur lequel il s'accorde avec Jules Simon : c'est ce qui m'intéresse davantage, et qu'il me tarde d'apprendre, car pour les différences d'esprit, de talent, de carrière, je crois les connaître assez bien.

— LE DOCTEUR. — Ce point capital, c'est M. Janet qui tout à l'heure, il n'y a qu'un instant, sans le vouloir j'en conviens, l'a mis en pleine lumière. Car enfin cette discussion avec Jules Simon, aux abords de l'Institut ou dans l'Institut même, pendant ou après la séance, elle n'avait pour objet qu'une question de prééminence : elle ne portait que sur les rapports de la philosophie et de la théologie. Elle mettait si peu en doute l'existence de Dieu qu'au contraire elle la supposait, et que cette croyance commune à nos deux philosophes en avait été le point de départ.

— Et en cela, ils sont, l'un et l'autre, les héritiers fidèles d'une tradition qu'ils ont reçue de leur Maître commun : oublions, pour un instant, la trop célèbre défaillance qui l'inclina si fort, mais passagèrement, à son retour d'Allemagne, vers le panthéisme. Victor Cousin avait été au début de sa carrière, et il redevint à la fin, un courageux défenseur de la doctrine que se transmettent, sur ce point capital, les plus grands, les vrais Maîtres de la philosophie moderne.

— Le Docteur. — Permettez-moi d'ajouter les plus illustres philosophes de l'antiquité, en premier lieu Platon et Aristote, dont Victor Cousin aimait à dire que toute philosophie est sortie de la double source qu'ils ont ouverte, et qui coule avec une abondance inépuisable dans leurs écrits.

— J'irai plus loin que vous, docteur, je remonterai un peu plus haut, jusqu'au Maître de ces Maîtres, jusqu'à Socrate. Dans les *Mémoires* ou *Mémorables* de son disciple le plus fidèle, bien qu'il ne soit pas le plus original et le plus profond, on peut lire quatre pages (1) sur Dieu et sa Providence, si substantielles, si précises, d'un bon sens si ferme et si élevé, que les plus beaux génies n'ont eu, dans la suite, qu'à les développer et les ont rarement dépassées. Ces quatre pages, je les sais à peu près par cœur, et je souhaiterais que dans les classes de philosophie on en fît le point de départ de l'enseignement de la Théodicée : le profit serait grand pour les élèves, et le professeur ne perdrait rien de sa liberté.

— *Théodicée*, joignez-y *Psychologie*: voilà, mon ami, — le docteur me donnait volontiers ce titre, et je n'y contredisais point, nos relations quoique de date récente ayant toujours été cordiales et

(1) Xénophon, *Mémoires sur Socrate*, l. I, c. IV.

sans nuage, — voilà de bien beaux mots, bien
riches de promesses, mais qui, pour moi du moins,
n'en ont tenu qu'une faible part. Faut-il vous
l'avouer : j'ai fait ma philosophie, pour parler
comme les élèves de nos Lycées, et pourtant je
doute que je l'aie faite.

— Voilà qui est étrange et contradictoire.

— LE DOCTEUR. — Pas tant qu'il vous paraît :
voici les choses au vrai. Pendant neuf mois entiers,
sans un seul jour d'absence, dans un des meilleurs
Lycées de Paris, — on l'appelait alors Collège
royal Bourbon, mais il a changé de nom plusieurs
fois, — j'ai suivi les Cours et soigneusement re-
cueilli la parole de deux professeurs de philosophie, l'un et l'autre savants, dévoués à leurs élèves,
mais trop occupés de leurs travaux personnels et
de leurs études préférées, pour ne pas les faire
intervenir très fréquemment dans le Cours élémen-
taire qu'ils avaient charge de nous enseigner.

— Ne les connaissant pas, ignorant jusqu'à
leurs noms, je n'en puis rien dire ; mais s'ils ont
formé votre jugement, cultivé profondément, ouvert largement votre esprit, et cela ils l'ont fait,
très bien fait, je m'en porte garant ; s'ils l'ont rendu
capable d'étudier, dans la suite, avec fruit l'homme
et la nature, de s'élever des faits particuliers aux
idées générales qui les résument, aux vérités supé-
rieures qui les expliquent, croyez-vous qu'ils ne

vous ont pas rendu le meilleur service que puisse
rendre à ses élèves un bon professeur de philosophie?

— Le Docteur. — Après tout la faute, si faute
il y a, est moins la leur que celle des circonstances.
Quand je vous parlais tout à l'heure de mes deux
professeurs de philosophie, vous vous demandiez,
je l'ai deviné, comment la chose était possible, car
si la classe de rhétorique est confiée, au moins à
Paris, simultanément à deux professeurs, les élèves
de philosophie n'en ont jamais qu'un seul. L'explication sera des plus simples. Nous n'avions en
réalité qu'un maître, M. B..., mais comme il fut,
dans le courant de l'année, pris d'un vif et subit
désir de se faire élire Représentant du peuple à
l'Assemblée nationale, il demanda et obtint un
congé qui ne dura pas moins de deux mois. Battu
il accepta sa défaite en philosophe, et nous revint
dégoûté pour un temps de la politique, mais toujours dévoué à ses élèves, et plus que jamais repris
de son ancienne passion pour la philosophie allemande, et surtout pour les œuvres de Kant (1) dont

(1) Kant (1724-1804), professeur de philosophie à l'Université de Kœnigsberg, ville où il était né et où s'écoula
toute sa vie, créateur de la *Philosophie critique* ou
Idéalisme subjectif, auteur de la *Critique de la Raison
pure*, de la *Critique de la Raison pratique*, de la *Critique du Jugement* et d'une foule d'autres ouvrages.

Il préparait une traduction qui n'est pas, dit-on, sans mérite. Je ne l'ai point lue, mais j'en eusse été mauvais juge, ma connaissance de la langue allemande étant des plus imparfaites, et ne me permettant pas de comparer le texte et la traduction. Kant d'ailleurs était intervenu si souvent et si mal à propos dans les Leçons de notre professeur ; il s'était fait dans mon esprit un mélange si incohérent de sa philosophie et de celle que nous enseignait officiellement M. B..., que je n'éprouvai plus tard aucun désir de nouer des relations plus intimes avec le fondateur du Criticisme.

Trop de mots nouveaux du reste, et trop bizarres, dans le vocabulaire de l'illustre Maître, surtout pour un étudiant à peine sorti de la classe de rhétorique où il avait appris, dans un commerce de tous les jours avec les plus grands maîtres de la pensée et du goût, anciens et modernes, qu'on peut exposer à la perfection toutes les vérités, y compris les plus profondes, dans la langue la plus simple et la plus familière. Trop de complications pour mon esprit simpliste ; trop de tours et de détours où je me perdais comme dans un labyrinthe ; trop d'oppositions et d'antinomies (1) dont je finis-

---

(1) *Antinomies.* Conflit ou contradiction d'une loi avec une autre loi, d'une affirmation avec une autre affirmation. Kant désigne par ce mot les conflits de la raison

sais par dire comme la Martine de Molière :

Qu'ils s'accordent entre eux, ou se gourment, qu'importe ?

Je les laissai donc, sans plus m'en inquiéter, au moins de longtemps, à leurs interminables querelles.

C'était autre chose avec son suppléant ; mais je dois dire que cette autre chose, bien qu'elle se fît, elle aussi, sa part un peu large dans l'enseignement du maître, était loin de me déplaire. M. B... faisait alors de l'Économie politique son étude de prédilection, et il en exposait les faits et les principes avec autant de précision que de clarté. Plus d'une fois il revint sur le rôle de l'État, sur ses droits, mais aussi sur ceux de la liberté dans une société de plus en plus démocratique, — n'oubliez pas que nous étions encore en pleine émotion révolutionnaire, — et il en faisait le départ avec une rare sagacité, avec une connaissance fort exacte, fort étendue de l'histoire, au service d'une grande justesse d'esprit. Vous comprenez maintenant comment j'ai pu, parlons toujours comme les élèves, faire et ne pas faire ma philosophie, et comment

avec elle-même, les contradictions où elle tombe inévitablement, chaque fois que voulant dépasser les limites de l'expérience, elle spécule sur l'absolu. —Alexis Bertrand, *Lexique de Philosophie.* P. Delaplane, Éditeur, Paris.

j'ai fini par recueillir, dans cette classe si important-
tante pour l'avenir d'un jeune étudiant, avec
quelque peu d'enseignement méthodique coupé de
continuelles digressions, des clartés, des lueurs,
des obscurités dont la combinaison n'a pas été du
tout pour mon intelligence la pure lumière que
j'attendais.

Le désir depuis lors n'a pas cessé de tourmenter
mon esprit, désir que l'âge n'a pas éteint, de combler cette lacune à l'aide d'un Manuel de philosophie bien ordonné, précis, substantiel, à la fois
court et complet : un de ces livres comme en écri-
vent seulement les mortels aimés du ciel, qui savent observer, penser par eux-mêmes, tout en
s'assimilant, au point d'en faire leur propre bien,
les pensées vraies et le savoir d'autrui, un livre
enfin écrit sans prétention, dans le pur français de
France. Je suis trop exigeant peut-être, car ce
livre je ne l'ai pas encore découvert, et je mourrai
sans doute avant de le posséder.

— Non pas, docteur, non pas, croyez-moi, car ce
livre existe; il est écrit depuis plus de deux cents
ans et il remplit toutes les conditions que vous
venez d'énumérer : c'est le témoignage de M. Paul
Janet lui-même qui vous garantira sa valeur. Parlant à ma personne, dans mon cabinet de travail,
à Grenoble, où il venait se reposer quelques jours
près de son fils alors professeur à notre Faculté des

sciences, il m'a dit, en appuyant sur chacune de
ses paroles : « Nous avons beau multiplier les Ma-
nuels de philosophie à l'usage de nos jeunes
élèves, j'en ai fait un, pour ma part, qui a obtenu
quelque succès : jamais aucun d'eux n'égalera et ne
remplacera le *Traité de la Connaissance de Dieu
et de soi-même*, composé par Bossuet pour le grand
Dauphin son élève. » J'avais bien énoncé quelques
réserves, au moins pour le second chapitre, — il y
en a cinq en tout, — intitulé *Du Corps*, estimant
qu'il n'est pas à la hauteur de la science actuelle.
M. Janet ne les voulut pas admettre ; il n'acceptait
même pas qu'un des plus savants parmi nos savants se chargeât de la délicate entreprise de cor-
riger Bossuet, et de mettre au point cette partie de
l'excellent petit livre : il m'en donnait d'ailleurs
des raisons fort plausibles.

Le docteur apprit ensuite avec une véritable
joie que la question de Dieu, de son existence, de
ses rapports avec le monde et l'homme ne remplissait pas seulement le quatrième chapitre tout
entier, mais que Bossuet y revenait encore dans le
cinquième (1), à l'occasion de la raison et de la li-

---

(1) Ce Chapitre est intitulé de l'*Ame des bêtes*, question
qui, depuis Descartes, n'avait cessé de préoccuper, au
dix-septième siècle, non seulement les philosophes, mais
les grandes dames de la cour et du monde.

berté, deux privilèges qui nous élèvent si fort au-
dessus de l'animal le plus parfait. A-t-on même
jamais, dans aucun livre de philosophie, appuyé
sur des preuves plus solides, décrit avec plus de
clarté, célébré avec plus d'éloquence ces deux facultés aussi distinctes qu'elles sont inséparables :
on en peut au moins douter.

Chaque fois que l'esprit du docteur revenait aux
choses sérieuses, et rien n'était plus fréquent, on
reconnaissait aisément que l'idée de Dieu et les
questions qui s'y rattachent étaient une de ses
préoccupations les plus habituelles. Aussi s'em-
pressa-t-il de me répondre :

— Dans l'état d'incertitude, j'allais dire d'inco-
hérence, mais le mot serait trop fort, où se trou-
vait ma pensée par rapport aux vérités capitales,
au sortir de la classe de philosophie, mon plus vif
désir était de posséder au moins un point de départ certain, une base inébranlable sur laquelle je
pourrais m'appuyer en tout genre d'études, mais
surtout d'études philosophiques et morales : c'est
dans l'idée de Dieu que je crus la trouver. Je sa-
vais, nous venons d'y revenir ensemble, la place
qu'elle occupe depuis la plus haute antiquité dans
la philosophie que Leibnitz, c'est bien lui n'est-ce
pas, a nommée *philosophia perennis*, expression
que vous me permettrez de traduire librement par
cette périphrase : la philosophie représentée, dé-

fendue, développée sans interruption par les génies les plus puissants et les plus lumineux dont
s'honore l'humanité. Je n'ai d'autre part qu'à parcourir l'histoire de mon pays, et celle des grands
États de l'Europe, plus simplement encore qu'à
ouvrir les yeux et regarder autour de moi, pour
constater les immenses services rendus aux mœurs,
aux lois, à la civilisation, par une religion dont
l'idée de Dieu, la foi en Dieu est le dogme fonda-
mental. C'était grandement déjà de ces deux ré-
pondants pour me donner confiance, et me mettre
en règle avec ma raison.

Changeant alors, mais seulement en apparence,
la direction de sa pensée, le docteur ajouta, comme
s'interrogeant lui-même :

Où donc ai-je lu, — est-ce dans une de nos
grandes Revues, est-ce dans un journal qui en aurait
reproduit les principaux passages, — l'entretien
d'un homme d'État japonais avec un homme d'État
français, l'un et l'autre jouissant dans leur pays
d'une autorité due à leurs lumières et à leurs services ? En vérité, je ne le sais plus bien. Après tout
peu importe la source où j'ai puisé, puisque le souvenir est encore très présent à mon esprit. L'homme
d'État japonais se félicitait et il félicitait ses com-
patriotes des progrès inouïs réalisés par eux en
un temps si court, dans le commerce, l'industrie,
l'art de la guerre, l'enseignement des sciences et

surtout des sciences appliquées. L'histoire n'offre
nulle part, disait-il, à aucune époque, l'exemple
d'un progrès aussi rapide, d'un changement aussi
complet, aussi merveilleux. Et pourtant si grande
que soit présentement notre ressemblance avec les
nations de l'Europe, elle est plus pour le dehors
que pour le fond et le solide. Une chose nous
manque pour qu'elle soit parfaite, c'est-à-dire
d'âme et d'esprit, pour que nous entrions pleine-
ment dans le concert des nations européennes : il
nous manque d'être un peuple chrétien. — Si ce
n'est pas l'exacte reproduction de ses paroles, pour
sûr c'en est le sens, et ma mémoire, je l'espère, ne
m'a pas trompé.

— Elle vous a très bien servi, m'empressai-je de
répondre, et c'est vraiment ainsi que l'homme
d'État japonais s'est exprimé, car plusieurs journaux ont reproduit ou résumé ce remarquable entretien, et je l'ai lu, moi aussi, dans l'un d'eux,
Qu'il ait été celui d'un homme politique avec un
homme politique, ou d'un diplomate avec un jour-
naliste, ce détail est pour nous d'une médiocre importance. Le fait subsiste, et la pensée n'en est ni
moins juste, ni moins profonde.

***

Après maint aller et retour sous les arbres de la
longue et large avenue qui est à la fois route et

promenade, nous avions fini par nous asseoir sur un des bancs qu'on y a sagement multipliés pour l'usage des gens, je veux dire des oisifs et des convalescents.

Après un silence de quelques instants :

— Voilà, me dit le docteur, une dernière journée de printemps capable de nous réconcilier avec les poètes et de nous faire croire au bien qu'ils ont dit de cette saison pourtant si variable, si sujette à de soudains retours de froid, exposée à des pluies violentes et interminables. Ce sont bien les charmes qu'ils ont décrits, non sans y ajouter quelque chose de leur riche imagination : fraîche verdure que les ardeurs de l'été n'ont pas encore flétrie, air pur, fleurs joyeusement épanouies, léger souffle du zéphyr qui semble retenir son haleine, enfin tout ce qu'il faut pour ranimer dans toute sa douceur le sentiment de la vie, pour nous faire jouir en paix de nous-mêmes et de la nature.

— Et sans doute aussi, interrompis-je, pour élever notre âme vers son Auteur.

— Et pour nous convaincre, ajouta le docteur, par la vue et le sentiment de ses bienfaits, de la réalité de sa Providence.

— C'est la preuve dont je vous disais tout à l'heure que Socrate aimait à l'exposer dans ses entretiens avec ses disciples, et aussi avec les athées de son temps : Aristodème le Petit, son in-

terlocuteur dans le chapitre des *Mémorables* que je
vous rappelais tout à l'heure était de leur nombre ;
il y en a eu dans tous les temps. Cette preuve
populaire suffit aux esprits droits, à tous ceux qui
n'ont ni assez de loisir, ni assez d'habitude du rai-
sonnement pour recourir à lui dans leurs doutes.
On a dit souvent de cette preuve des *causes finales*,
ainsi l'ont nommée les philosophes, qu'elle est la
preuve par excellence, et pourtant la raison n'y
tient pas moins de place que l'expérience, car si
c'est l'expérience qui la commence, c'est la raison
qui l'achève. L'une en fournit les éléments sensi-
bles, infiniment variables, l'autre y ajoute ses im-
muables principes. Il faut leur concours à toutes
deux pour la former, la première nous faisant découvrir mille et mille effets aussi utiles qu'admi-
rables des lois de la nature, la seconde les rattachant à leur cause, et de cause en cause à la Cause
suprême. Le monde extérieur réjouit nos sens,
ravit notre âme par les beautés qu'il étale à nos
regards dans une variété infinie, tandis que la
raison nous élève à l'idée d'une beauté parfaite qui
en est l'Exemplaire éternel, la source inépuisable.

— Réserve faite, bien entendu, interrompit le
docteur, des laideurs qui déparent ce monde si
beau, des intempéries, des ouragans, des calamités
de toute sorte qui en troublent l'harmonie. Telle la
tempête qui m'accueillit ici le jour même de mon

arrivée et m'inspira de sérieuses inquiétudes pour
le reste de la saison. Il est vrai qu'elle cessa
presque soudainement, après qu'elle eût fait rage
encore toute la nuit. L'ordre général, après tout,
n'a rien à souffrir de ces désordres locaux et pas-
sagers; peut-être même sont-ils, dans le plus grand
nombre des cas, nécessaires à sa conservation, de
même qu'on voit après certaines crises considérées
à tort ou à raison comme des maladies, le corps
humain reprendre ses forces un moment dépri-
mées, et quelquefois même une vigueur nouvelle.

Quand ces désordres grands et petits de la nature ne feraient que nous rappeler au sentiment du
peu que nous sommes et de l'instabilité qui est
ici-bas notre partage, nous rappeler que la terre
n'est point le lieu de cette paix parfaite, de ce
bonheur sans nuage que nous entrevoyons dans
nos rêves, ils nous rendraient déjà un signalé service et ils auraient leur fonction dans l'ordre universel. Supprimez Dieu, — vous voyez à mon langage que je n'ai pas, mon ami, cessé d'y croire, —
et avec lui l'âme immortelle, la vie à venir, ses
compensations, ses redressements, ses perspectives
infinies, et tout n'est plus ici-bas, dans la nature et
dans l'homme, dans la vie des individus et dans
celle des sociétés qu'obscurité, confusion, contradiction. C'est alors que les antinomies, — antinomies et contradictions, au fond c'est tout un, —

fleuriraient, s'épanouiraient, se multiplieraient au point de tout envahir, et de rendre toute certitude impossible. Ce serait un jeu que celles dont Kant a dressé la liste et qu'il déclare absolument irréductibles. Il en faudrait accroître le nombre à l'infini, à moins pourtant qu'on n'en fasse un bloc, pardonnez-moi la trivialité de l'expression, et qu'on ne les réduise toutes ensemble .....à une seule.

— A une seule! Y pensez-vous, docteur, et parlez-vous sérieusement? Voilà qui serait une entreprise bien étrange, et d'un succès plus que douteux.

— Tout au contraire, mon ami, d'un succès assuré, et tel que l'existence de Dieu, principe suprême de l'ordre, auteur et conservateur de l'ordre universel, n'en recevrait pas, à mon humble avis du moins, une faible confirmation.

— Ma surprise s'accroît, docteur, avec mon désir de vous entendre.

— Ces misérables antinomies du philosophe de Kœnigsberg, elles qui m'ont si fort troublé, désorienté, sur les bancs de la classe de philosophie, volontiers aujourd'hui je leur rendrais grâce pour le travail qu'elles ont imposé à mon esprit, mais surtout pour la conclusion qui en est un jour, presque soudainement, sortie. J'en ai dit mainte fois, j'en disais tout à l'heure encore beaucoup de mal : je leur dois une réparation.

— Et à moi, docteur, une explication qui m'éclaire et que j'attends avec impatience.

— La voici, avec toute la brièveté, toute la précision que je m'efforcerai d'y mettre... Mais, après tout, peut-être sera-t-il mieux que vous la donniez vous-même. Permettez-moi donc de vous poser une question. Y consentez-vous ?

— Bien volontiers.

— Lequel, mon ami, vous semble être né le premier dans votre esprit, s'y être montré, y être apparu avant l'autre et l'avoir précédé, le fini ou l'infini ?

— J'ignore, cher docteur, à dire vrai, et ne fais point difficulté de l'avouer, lequel des deux du fini ou de l'infini a précédé l'autre, et même s'il y a eu, entre l'apparition de l'un et de l'autre dans mon esprit, le plus faible intervalle. Mais ce que je sais, à n'en pas douter, ce qui me paraît absolument certain, c'est qu'ils y sont, à l'heure présente, étroitement unis, on pourrait dire inséparables. J'ajouterai même que cette intime union me semble être la condition première de la pensée.

— Le Docteur. — A mon tour de vous dire; expliquez-vous. J'entrevois, mais je ne comprends pas assez bien.

— D'où me viendrait, en effet, d'où me serait jamais venue l'idée de limite, c'est-à-dire de fini, idée par laquelle je me distingue de tout ce qui m'entoure et n'est pas moi, personnes et choses, idée sur laquelle se fonde la conscience que j'ai de

moi-même, si je n'avais en même temps l'idée de
ce qui n'est point limité, borné, de l'infini? Qui-
conque pense, qu'il le sache ou non, pense l'illimité dont la limite n'est que la négation, et l'acte
de foi au fini se distingue, mais ne se sépare pas de
l'acte de foi conscient ou inconscient à l'infini.

— LE DOCTEUR. — Il semble, en effet, très
probable que s'il n'y avait au monde que des malades, lesquels l'auraient toujours été, ces malades
n'auraient pas l'idée exacte de leur déplorable
état. Ils ne le comprendraient qu'en se comparant
avec des hommes bien portants, s'il en survenait
parmi eux, ou en comparant à leur état passé leur
état présent, si eux-mêmes ils revenaient à la santé.
En résumé, pour penser il faut distinguer, il faut
limiter, et, pour concevoir la limite, il faut, clairement ou obscurément, concevoir son contraire,
l'illimité, l'infini. Tel est bien, n'est-ce pas, votre
dernier mot?

— Assurément.

— LE DOCTEUR. — C'est aussi le mien, mais en
vous le faisant dire le premier, je suis plus sûr du
parfait accord de nos pensées. La conclusion suit
telle que je vous l'avais proposée tout à l'heure, mais
elle ne parut pas dès l'abord, obtenir votre assen-
timent. Cette conclusion c'est que la seule antinomie réelle, irréductible, c'est celle de la coexistence
du fini et de l'infini. Celle-là contient et embrasse

toutes les autres, en premier lieu celles dont Kant
fait si grand état. Il en énonce quatre, s'il m'en souvient, entre lesquelles la raison spéculative, n'est-ce
pas ainsi qu'il la nomme, n'a nul moyen de se pro-
noncer, et une cinquième qui jouit du privilège de
pouvoir être résolue. Il fallait bien, en effet, si l'on
ruinait la spéculation, sauver du moins la morale,
et c'est à quoi cette résolution ou dissolution de la
cinquième antinomie donnait facile ouverture. En
tout cas, il n'en est pas une seule qui ne soit con-
tenue dans l'universelle et perpétuelle antinomie
de la coexistence du fini et de l'infini.

— Vous possédez, cher docteur, votre Kant aussi
parfaitement que n'importe quel Kantiste ou Néo-
Kantiste. Vos récriminations contre le père du
Criticisme et ses interprètes plus ou moins fidèles
n'y feront rien. Si vous n'êtes pas de la maison,
vous en connaissez du moins tous les êtres : on
dirait que vous venez de la parcourir de nouveau.

— LE DOCTEUR. — Vous dites mieux que vous
ne croyez, et vous devinez juste. On fait parfois
dans votre Grenoble des découvertes inattendues,
et vos bouquinistes possèdent des richesses dont ils
ne savent pas le prix : il est vrai qu'elles ne sont
des richesses que pour un petit nombre d'amateurs
et de curieux. On peut, dans ces conditions, et pour
une très modique somme se procurer un livre

comme celui que j'ai acquis (1) lors de ma dernière
visite à la capitale du Dauphiné. Il m'a permis
de faire avec Kant une connaissance plus complète
que je ne l'avais obtenue des pages éloquentes de
Mme de Staël et de Victor Cousin, ou des résumés
parfois confus et difficiles à concilier de quelques-
uns de leurs successeurs. Il est surprenant, en effet,
combien on s'entend peu dans les appréciations, et
même sur le sens exact de certains passages des
écrits de l'illustre philosophe.

— L'auteur, je vous pris, de ce livre si pré-
cieux ?

— LE DOCTEUR. — Il est l'œuvre d'un émigré français, ancien officier d'artillerie, Charles Villers (2)
établi depuis 1702 en Allemagne où il devint
professeur à l'Université de Gœttingue. Kant vivait
encore, quand il le fit imprimer à Metz, en 1801 (3).
Je ne vous dirai point qu'il est bien composé et
bien écrit, mais il est fort intéressant, surtout grâce
aux notes parfois assez longues qui accompagnent
le texte, et nous découvrent la pensée de l'auteur
sur la Littérature, les mœurs et les hommes de la fin

(1) Chez Perceval, antiquaire, place Victor-Hugo.
(2) Né à Boulay (Lorraine), en 1767, mort en 1815.
(3) Il a pour titre : *Philosophie de Kant, ou Principes
fondamentaux de la philosophie transcendentale,* par
Charles Villers, de la Société royale des sciences de
Gœttingue, Metz, 1801 (an IX), Collignon, éditeur.

du dix-huitième siècle, en France et en Allemagne.
Il est telle de ces notes (1), amère et mordante jusqu'à l'excès, qu'on croirait écrite pour l'époque
présente, bien qu'elle soit uniquement à l'adresse
des contemporains et des amis du Directoire. Je
vous recommande l'épigraphe placée en tête
de l'ouvrage : Πάντων χρημάτων μέτρον ἄνθρω-
πος : *l'homme est la mesure de toutes choses.* Vous
savez de qui elle est, et ce qu'elle signifie. Elle en dit
long sur le fond de la pensée de Kant, et sur la
manière dont Villers et les premiers disciples l'ont,
dès le début, comprise. Si elle n'est point, tant
s'en faut, pour désarmer ses détracteurs, en re-
vanche elle ne peut que plaire aux partisans,
presque tous Kantistes plus ou moins déclarés, de
l'autonomie absolue de la raison. Ce livre est, dès
à présent, à votre disposition; mais comment se
fait-il que je l'aie découvert chez un bouquiniste
de Grenoble? Comment s'y était-il égaré?

— Je le devine et crois le savoir. Un Grenoblois
de vieille souche, officier supérieur dans les armées
de la République revint, au commencement du
siècle dernier, tout au début du premier Empire,
dans sa ville natale où il ouvrit dans sa maison,
pour quelques jeunes gens studieux des meilleures

(1) Page 165.

familles, la première École de philosophie kantienne. Il s'était comme Villers pris de passion pour la nouvelle doctrine, durant ses campagnes et ses longs séjours à l'étranger. Il se nommait Falquet de Planta, et sa fille, Mme de Gournay, est morte il y a seulement quelques années. Ce livre doit venir de sa bibliothèque, ou de celle de quelqu'un de ses élèves (1). J'accepte d'ailleurs bien volontiers l'offre que vous me faites de me le prêter. Je m'efforcerai avec son secours de tenter, à votre exemple, la réduction des antinomies kantiennes à la seule antinomie de la coexistence aussi certaine qu'inexplicable du fini et de l'infini : le second semblant devoir, en vertu de sa nature, exclure ou absorber le premier qui est pourtant bien réel, s'il est vrai que nous existons, vous, docteur, et moi, et tant d'autres, nos semblables, qui ont une connaissance très claire, très distincte de leur moi, et pas la plus petite envie de se perdre, de s'anéantir dans l'infini. Vous voyez que j'entre à fond dans votre pensée.

— LE DOCTEUR. — Resterait toujours à répondre aux philosophes qui interrogés par M. Janet sur leur silence obstiné à l'égard de Dieu et de son nom

---

(1) La vie de Falquet de Planta a été écrite par M. Albert du Boys, ancien magistrat. Voir *Mémoires* de l'Académie delphinale (Grenoble).

se bornaient à dire que l'idée en est à ce point
obscure, incompréhensible, qu'ils n'osent en écrire
et en parler. Et si nous disions, nous, qu'ils se
trompent du tout au tout, que l'idée de l'Infini,
c'est-à-dire de Dieu, n'est ni obscure, ni impénétrable, ni au-dessus des forces de l'intelligence
humaine, puisque ceux qui l'attaquent et ceux qui
la défendent savent, au moins pour l'essentiel, ce
qu'ils attaquent et ce qu'ils défendent, mais que
très claire par un grand nombre de ses aspects,
elle est mystérieuse par les autres : ce qui nous
donne à la fois le pouvoir d'entendre et le devoir
d'adorer (1).

— Mystérieuse! Y pensez-vous, docteur! Un
mot qui impose des bornes à notre intelligence,
et ce mot dans la bouche d'un médecin!

— Le Docteur. — D'un médecin très spiritualiste, vous le savez, et peut-être en voie de devenir
chrétien, à la suite de tant de nos contemporains
qui s'en sont aperçus, tout juste le jour où ils parve-
naient enfin au terme de cette lente et inconsciente

(1) « Assez d'idées claires dans ce mot Dieu, pour que
tout esprit qui se possède les perçoive ; assez de mystère,
pour que l'Infini s'y reflète. Si la clarté manquait, le mot
Dieu ne serait qu'un mot; si le mystère n'y était pas, ce
ne serait pas le nom de l'Infini. Il y faut de l'un et de
l'autre, pour que notre esprit consente, et pour qu'il
adore. » *Pensées et Portraits,* page 462.

évolution. Pourriez-vous d'ailleurs me dire exactement de combien de choses notre intelligence sait le dernier mot, combien de sciences ne rencontrent pas à leur point de départ et à leur terme je ne dis pas seulement l'inconnu, — nous réservons sur l'inconnu tous les droits de l'entendement, toutes les espérances de l'avenir, — mais le mystère, l'insondable mystère? Les chimistes, les physiciens pourraient-ils définir exactement, de manière à ne laisser aucun doute, aucune obscurité dans notre esprit, la substance, la matière, l'atome, l'énergie, la force, sur lesquels ou à l'aide desquels ils opèrent, sans lesquels les sciences qu'ils cultivent n'existeraient pas? Les sciences qu'on nomme à juste titre sciences exactes ne plongent elles pas par leurs racines dans l'inconnu le plus profond : point, unité, zéro, axiomes; né s'élèvent-elles pas par leurs sommets jusqu'à l'infini le plus mystérieux : l'infini mathématique?

Et nous médecins dont l'unique fonction est de protéger par l'hygiène, de défendre, de sauver par toutes les ressources de notre art la vie de ceux qui se confient à nos soins, savons-nous ce que c'est que la vie? Avons-nous pénétré le mystère de ses origines? Mais nous savons à peine ce que c'est que la vitalité dont nous constatons ici les langueurs et les insuffisances, là les merveilleuses ressources, quelquefois les retours inattendus et déconcertants?

Serions-nous vraiment des médecins, des guéris-
seurs; remplirions-nous tous les devoirs de notre
noble profession, si nous ne nous appliquions, dans
le traitement des maladies et surtout des maladies
chroniques, à découvrir les causes : causes dans
l'ordre physique, causes dans l'ordre moral, causes
dans le présent, dans le passé, dans le tempé-
rament, dans l'hérédité, l'oubli ou la violation du
devoir, le mauvais usage de la liberté? Or, de
pourquoi en pourquoi, de cause en cause, si nous
poussons jusqu'au bout, si nous ne nous arrêtons
pas, faute de temps ou d'application, est-ce que nous
n'aboutissons pas toujours au mystère, à l'infini?

Et le temps, l'espace que tous, tant que nous
sommes, savants et ignorants, hommes et enfants,
nous avons sans cesse à la bouche, que nous sen-
tons indispensables et indissolublement unis à notre
vie, celle-ci s'écoulant et se mesurant dans l'un,
ayant dans l'autre son lieu permanent : savons-nous
ce qu'ils sont? Ne sommes-nous pas, en vertu de je
ne sais quelle irrésistible tendance, toujours prêts
à les confondre avec l'éternité et l'immensité, c'est-
à-dire avec l'infini? — Oui, l'infini, toujours et
partout l'infini, l'infini au commencement, l'infini
à la fin, l'infini alpha et oméga de notre pensée et
de notre parole!

_{*}

Un silence de quelques instants suivit ces paroles du docteur dites avec beaucoup d'animation ; alors seulement nous nous aperçûmes que deux enfants s'étaient, en vertu d'une curiosité bien naturelle à leur âge, peu à peu rapprochés de ces deux messieurs qui parlaient si haut et semblaient sur le point de se quereller. L'un d'eux, petit blondin à la mine éveillée pouvait bien avoir vu déjà huit ou neuf printemps, et sa sœur, nous sûmes bientôt qu'elle l'était, probablement deux de plus que lui. Leur vêtement, leur contenance nous laissaient deviner qu'ils appartenaient au moins à la moyenne bourgeoisie : la correction de leur langage nous confirma dans cette opinion, en y ajoutant des présomptions favorables pour la famille et le milieu dans lequel ils avaient été élevés.

Le docteur leur ayant adressé, de la main d'abord et du sourire, puis de la parole, un appel très amical, ils s'approchèrent sans hardiesse comme sans gaucherie, et répondirent, le blondin avec un peu d'hésitation, la sœur avec moins de timidité et du ton le plus naturel, aux questions qu'il leur posa. Celles-ci ne se rapportaient d'abord qu'à leurs jeux, à leurs promenades, à la durée probable

de leur séjour à Uriage, plus discrètement à leurs
parents et à leur famille. Voyant que peu à peu
l'un et l'autre s'enhardissaient, le docteur prit
dans ses mains les mains du petit garçon admis
récemment, sa sœur venait de nous l'apprendre,
au grand catéchisme, celui qui prépare directe-
ment à la première communion : mon enfant, lui
dit-il, pouvez-vous répondre à une question sur
laquelle on a dû vous instruire : *Qu'est-ce que
Dieu ?* La réponse ne se fit pas attendre et fut
donnée sans hésitation : *Dieu,* Monsieur, *est un
pur esprit, infiniment parfait, Créateur et souverain Seigneur de toutes choses.* Le docteur qui
n'avait pas depuis longues années, peut-être depuis
son enfance, ouvert un catéchisme, parut émer-
veillé. Mais pour découvrir si l'enfant avait compris, autant que le permettait son âge, le sens de
ces paroles, il lui adressa sur les termes de la défi-
nition qu'il reprit l'un après l'autre, des questions
aussi simples, aussi claires qu'il put les lui poser,
et il obtint sur la plupart d'entre elles des réponses
qui auraient satisfait des juges plus difficiles. Il
est vrai que la sœur vint un petit nombre de fois,
dans les passages les moins aisés, en aide à son
frère, me prouvant, si j'en avais eu besoin, qu'à
cette époque de la vie l'intelligence des jeunes filles
est aussi ouverte que celle des jeunes garçons du
même âge, et parfois les devance, surtout dans les

questions religieuses où la philosophie tient pourtant une si grande place.

C'est bien, en effet, une petite leçon de philosophie sur Dieu et sur les vérités qui se rattachent à cette vérité capitale : l'âme, l'immortalité, la fin et les devoirs de la vie présente, la vie future, ses peines et ses récompenses, que les deux enfants venaient de développer en répondant aux questions du docteur. Mais il convenait, surtout pour une première rencontre, de ne point les rebuter en fatiguant leur attention. On revint donc à des choses plus simples, à leurs jeux, à leurs plaisirs, à leurs projets auxquels l'imagination commençait à mêler leurs rêves, puis on se sépara avec promesse de se revoir, et secrète intention de notre part de faire connaissance avec leurs parents.

Tandis que les deux enfants s'éloignaient, tour à tour sautillant ou marchant côte à côte, et parfois se retournant pour jeter un coup d'œil sur les graves personnages qu'ils venaient de quitter, ces mots *pur esprit, créateur,* mais surtout *infiniment parfait* sortirent à plusieurs reprises de la bouche de l'habile et bienveillant interrogateur. Il ne se lassait pas d'y revenir et prenait plaisir à les répéter, donnant à chacun d'eux une sorte de commentaire en rapport avec les préoccupations de son esprit et notre conversation de tout à l'heure.

— « Oui, disait-il, voilà bien qui achève et

'illumine cet Infini dont nous disions il y a peu
d'instants qu'il a sa place dans toutes nos pensées,
que, sans lui, penser serait impossible. Et toutefois
si grand, si sublime qu'il m'apparaisse dans son
tout-puissant et mystérieux concours, il m'effraie
presque autant qu'il m'attire, et s'il est pour mon
esprit une lumière dont il ne saurait se passer, il
ne dit rien à mon cœur. Sans doute l'immensité des
mondes est un peu son image, mais elle n'est que
son image, et dans quelles infimes proportions !
Sans doute l'infini mathématique — je m'en suis
un jour entretenu avec le Père Gratry, mais sans
parvenir à nous entendre, — manifeste un autre
aspect de sa nature infiniment riche, mais ce n'est
encore qu'un de ses aspects. Or voici que deux
petits enfants, simples, mais fidèles échos de
l'Église universelle, viennent de me dire, et la philosophie spiritualiste, *philosophia perennis*, j'en
prends à témoins M. Paul Janet et Jules Simon, n'y
contredirait point, que cet insondable Infini, il est
aussi le Parfait : parfait non seulement en pensée,
en puissance, mais en bonté, en justice, en beauté.
Celui-là, cet infiniment Parfait, c'est mon Dieu,
parce qu'il n'est pas seulement le Dieu de ma raison, mais le Dieu de mon cœur et celui de mon
âme entière !

« Avez-vous remarqué, mon ami, combien souvent ce mot amour : amour de Dieu pour l'homme,

de l'homme pour Dieu, des parents pour leurs enfants, des enfants pour leurs parents, de tous tant que nous sommes pour le prochain qu'il faut aimer comme nous-mêmes, si humble, si pauvre, si déshérité qu'il soit, revenait à chaque instant dans les réponses des deux enfants. Ces devoirs envers Dieu, envers la famille, envers les autres hommes qu'il faut remplir par amour, avec amour, me font songer au reproche que Schiller adresse au *devoir* de Kant.....

— De n'avoir pas dans sa triste austérité, l'utile secours de la grâce, de la bonne grâce bien entendu.

— Le Docteur. — Assurément, au moins pour le sens, sinon pour l'exactitude des paroles.

— Le reproche est, pourrait-on dire, devenu classique : il n'est pas un élève sortant de la classe de philosophie qui l'ignore, mais il est aussi bien fondé qu'il est universellement connu.

Les Stoïciens. — Kant n'est après tout, au moins en morale, que leur successeur; mais je doute que la *Raison pratique* ait jamais autant de lecteurs que les *Lettres de Sénèque*, le *Manuel d'Épictète* et les *Pensées de Marc-Aurèle*, — les Stoïciens dans le plus grand éclat de leur École n'ont jamais été, au regard du reste de l'humanité, qu'une élite à laquelle ne manquait pas d'ailleurs l'orgueilleuse estime de leur vertu.....

— LE DOCTEUR. — Tandis que le devoir associé à l'amour, excité, soutenu par l'amour, et les vertus qu'engendre leur union : désintéressement, dévouement, justice, charité, sacrifice, est devenu la loi souveraine de nations entières, de puissants Empires. *Fais ce que dois, advienne que pourra,* disaient nos ancêtres chrétiens pleins de confiance dans la vertu du devoir ainsi entendu, et dans les réparations que lui assure, après ses défaites d'ici-bas, la justice divine. C'est lui qui a créé, dans notre monde occidental, la civilisation dont nous avons droit d'être fiers : à une condition, c'est que nous la défendrons avec persévérance contre tant d'ennemis qui ne cessent de l'assaillir. N'est-elle pas de notre Descartes, dans un de ses livres, cette pensée profonde que la conservation du monde est une création continuée ?

— Ne vous plaignez plus, docteur, d'avoir si mal profité des leçons de vos maîtres : il vous en est resté de bons, d'utiles souvenirs.

— Et aussi, mon ami, des lectures que j'ai faites à mes heures de trop rare loisir. Quoi qu'il en soit, je dirai volontiers, en m'inspirant de Descartes, que si la foi au Dieu infiniment parfait, si l'amour et la charité ont créé la civilisation moderne, l'acte par lequel ils la conservent et la défendent contre des assauts sans cesse renouvelés continue l'acte qui l'a créée, et ne lui est pas inférieur. Bien aveu-

gles ou bien coupables ceux qui s'efforceraient de
tarir la source où s'alimentent non pas les vertus
stoïciennes, trop peu humaines et trop éprises
d'elles-mêmes, mais, — nommons-les de leur vrai
nom, — les vertus chrétiennes, ne devraient-ils
réussir, dans leur coupable entreprise, qu'à en diminuer l'abondance ! C'est à la cité, c'est à la patrie,
c'est à l'humanité qu'ils déclarent ainsi la guerre ;
leur seule excuse, c'est leur profonde ignorance ;
j'aime mieux y croire qu'à leur mauvaise intention. Le diplomate japonais dont nous parlions
tout à l'heure avait mieux qu'eux compris sur quels
solides fondements repose cette civilisation de l'Oc-
cident chrétien, objet de sa légitime envie. Pous-
serons-nous la démence jusqu'à déraciner et abattre
de nos propres mains l'arbre que nos ancêtres ont
planté, à l'ombre duquel tant de générations ont
vécu, grandi, prospéré, l'arbre qui nous abrite
encore ? Veuille le Dieu infiniment parfait, infiniment bon, nous épargner la honte et le crime d'un
suicide qui n'aurait jamais eu son pareil dans l'histoire ! »

•

Le docteur avait prononcé ces paroles avec une
émotion que justifiait trop bien l'amère tristesse
de ses pressentiments. Avec plus de calme, je ne

tardai pas à reprendre la conversation quelques
instants suspendue.

— Vous parlez d'ignorance, docteur, d'ignorance plus grande que le mauvais vouloir, et vous
n'avez pas tort. Il faut, en effet, pour s'engager
dans cette voie pleine de périls, n'avoir jamais
étudié sérieusement la nature de l'homme, son
âme, ses facultés, leurs limites ; il faut être revenu,
malgré les leçons de l'histoire, aux chimères qu'on
croyait à jamais évanouies : chimère de l'homme
uniquement, absolument bon, dès son entrée dans
la vie, et par un privilège inaliénable ; chimère
d'une raison pure de tout alliage, qui ne se trompe-
rait jamais, ne déraisonnerait jamais, et rendrait
sur les questions les plus difficiles, les plus com-
pliquées, d'infaillibles oracles ; d'une raison que
n'obscurcirait aucun nuage d'ignorance, de pré-
jugé, de sophisme, qui n'aurait à subir ni les révol-
tes des sens, ni la funeste influence de l'égoïsme,
ni les entraînements de la passion.

— Sur ce point, mon ami, vos convictions sont
les miennes, et vous parlez d'or. Comment la société réussirait-elle à corrompre, à rendre mauvais
et méchants quelques-uns de ses membres, si tous
y sont entrés également bons, justes, bienveillants,
conciliants, c'est ce que je ne puis entendre. Je
comprendrais au contraire que toutes ces belles
qualités agissant en concours, sans mélange d'au-

cun défaut, la société devînt de jour en jour meilleure et plus parfaite. D'autre part je n'ai jamais cru que ma raison *toujours courte par quelque endroit,* — c'est, en passant, un souvenir de Bossuet et de la classe de rhétorique, — pût se passer surtout dans les questions malaisées, obscures, délicates, du secours de la raison d'autrui. Le peu que je sais je le tiens des leçons de mes maîtres formés eux-mêmes par d'autres maîtres, et tous enrichis par l'expérience des siècles, par le travail persévérant de tant de raisons qui ont précédé la nôtre, et dont elle est l'héritière. Je ne vois partout que Conseils se réunissant à des époques réglées pour mettre en commun les lumières de leurs membres, et traiter les affaires les plus graves, quelquefois même celles qui, au premier abord, ne semblaient pas si importantes, si difficiles.

— Vous avez raison de dire au premier abord, car je crois avoir lu dans la Sainte Écriture : *cunctæ res difficiles, toutes choses sont difficiles.* Il n'en est guère, en effet, où il ne soit utile de recourir aux avis et à la raison d'autrui.

— LE DOCTEUR. — Comment dès lors pourrait-on s'en passer, et ne tenir aucun compte des témoignages rendus en faveur de Dieu et de sa Providence par les plus beaux et les plus puissants génies qui ont honoré l'humanité, depuis Socrate jusqu'à nos jours. Car nous voici revenus à notre

point de départ, à la question posée par M. Janet
à quelques-uns de nos philosophes les plus en vue,
et à la réponse qu'ils lui ont faite. Elle ne nous a
satisfaits ni vous ni moi. Y en aurait-il d'autres
plus sérieuses ? En savez-vous quelqu'une ?

— Celle-ci peut-être, — je vous l'offre sans
préparation et comme elle me vient à la pensée, —
que par son infinité même la question de l'Infini
demeure toujours ouverte, en ce sens qu'elle n'est
jamais épuisée. On l'étudie avec ardeur, avec passion, puis on la délaisse ; on y revient, puis on
l'abandonne de nouveau. A des livres, à des trai-
tés d'une doctrine sûre et profonde, à des discours
éloquents, à des Méditations et des Élévations sublimes, succède souvent un long silence, comme
si l'esprit humain succombait sous la fatigue de
l'effort accompli et la grandeur de la tâche. Mais
le découragement n'a qu'un temps, et la poursuite
de l'Infini recommence bientôt avec des espérances
rajeunies et une ardeur plus grande. — Voyez ce
qui se passe pour la raison et la liberté. Les polémiques n'ont jamais cessé sur la nature, les privilèges, les limites, les rapports de ces deux grands
pouvoirs de l'âme humaine : on ne compte plus
les livres, les Études, les Essais auxquels ils ont
donné lieu. Ne serait-ce pas qu'il y a dans la raison et la liberté quelque chose de plus que dans
les autres facultés de notre âme, quelque chose de

mystérieux, de divin, et qui les rattachant de plus
près à l'Infini ne permet ni qu'on en dise le dernier
mot, ni qu'on en abandonne l'étude? A plus forte
raison en est-il ainsi pour l'idée même de Dieu, de
l'Être suprême, de l'Infiniment parfait étudié dans
son essence et ses attributs.

— Le Docteur. — Il se peut, à première vue,
que cette raison ne soit pas sans valeur, mais elle
est d'ordre général et elle s'applique à tous les
temps. Il doit y en avoir d'autres propres au temps
présent, et qui expliquent mieux cet oubli volon-
taire.

— L'influence peut-être du positivisme, doctrine dont l'idée de Dieu est absolument exclue?

— Le Docteur. — Cette influence, en effet, n'est
pas contestable ; et cependant qu'a fait, après tout,
Auguste Comte (1), sinon transporter à l'*Humanité*
les attributs et les privilèges que la philosophie
spiritualiste et la philosophie chrétienne réser-
vaient à Dieu seul. C'est au point qu'il se donnait
comme l'héritier direct du catholicisme, ce grand,
ce merveilleux éducateur de l'humanité enfin cons-
ciente et maîtresse d'elle-même, à partir du jour où
Auguste Comte en était devenu le souverain pon-
tife. Qui sait si nous ne verrons pas les chefs ac-

(1) Auguste Comte, 1798-1857.

tuels du positivisme ou leurs successeurs proposer
aux catholiques (1) une alliance, ou au moins une
entente fondée sur la communauté de certaines
tendances, mais spécialement sur le principe de la
distinction absolue, et fondamentale chez les posi-
tivistes, du pouvoir spirituel et du pouvoir tempo-
rel.

— Cette alliance l'Église ne saurait l'accepter :
elle a, pour s'y refuser, de trop bonnes raisons.
Mais ne croyez-vous pas, docteur, que le rapide
progrès des sciences de la nature, et de leurs appli-
cations à la vie humaine, que l'enthousiasme
qu'elles inspirent et auquel s'associent elles-mêmes
les foules ignorantes, que la psycho-physiologie
avec l'attrait de ses recherches si curieuses; que
toutes ces études, les unes séduisantes, les autres
absorbantes, résumées et condensées par un mot
aujourd'hui dans toutes les bouches : *la Science,*
ont fait, elles aussi, grand tort à la Théodicée, et
rejeté dans l'ombre, au moins pour un temps, l'idée
de Dieu?

(1) On a pu lire dans le courant de l'année 1902, dans
quelques Revues françaises, des article sécrits en ce sens,
par M. Antoine Baumann, un des chefs du positivisme
français depuis le décès de M. Laffitte (1902), disciple im-
médiat d'A. Comte. M. Antoine Baumann a publié, en
1898, *Le Tribunal de Vuillermoz,* et en 1903, *La Religion
positive.*

— Le Docteur. — Je le crois, mon ami, je le vois aussi distinctement, aussi clairement que vous l'avez aperçu vous-même; mais je vois encore autre chose, c'est que savants et philosophes ont beau altérer, défigurer dans leur esprit et dans leurs livres l'idée de Dieu, le répandre dans la nature au point de le confondre avec elle comme le font les panthéistes, lui substituer l'*Humanité* avec Auguste Comte, la *Science*, comme plusieurs de nos contemporains et la foule à leur suite, ils ne sauraient la supprimer et s'en passer. C'est ainsi que la Science, laquelle n'est, après tout, qu'un de ses noms, un de ses attributs, a remplacé dans la seconde moitié du dix-neuvième siècle, la *Philosophie* devant laquelle s'inclinaient, tout près de l'adorer, nos pères du dix-huitième siècle.

— Et les grands hommes, docteur, n'ont-ils pas eu dans l'histoire, et non seulement à Rome, où depuis Jules César l'apothéose avait ses règles et ses rites, leur part de ces hommages dont la raison d'être c'est, au plus intime de notre âme, l'idée ineffaçable de l'Infini? Seulement au lieu de s'adresser au Dieu vivant et véritable, — disons, si vous le voulez, pour nous conformer au présent vocabulaire, au Dieu à la fois immanent et transcendant, — ces hommages vont deçà, delà, à travers le monde, prenant pour objet tantôt les forces de la nature, tantôt les conquérants, les potentats qui ont étonné ou épouvanté la terre, tantôt les hommes illustres qui ont servi leurs semblables, les philosophes qui les ont éclairés, les poètes qui les ont charmés.

— LE DOCTEUR. — Passe pour les forces de la nature : je conçois, en effet, qu'à une époque de profonde ignorance et d'oubli complet des traditions originelles, on en ait fait des dieux, et par extension, des dieux de la Cité, des dieux du foyer, et qu'on les ait adorés, mais cette aberration de l'esprit humain n'est plus possible depuis l'Ère chrétienne. Je ne nie point que certains grands hommes, et des plus récents, se soient, dans leur for intérieur, adorés eux-mêmes et secrètement divinisés, mais ils n'en ont rien fait paraître au dehors, sinon en de rares circonstances, et dans un état mental heureusement passager. Accordez-moi ce point, et je conviendrai avec vous que des hommes d'un rare génie, des personnnges à bon droit célèbres : citons seulement dans ce siècle, Napoléon, Chateaubriand, Gœthe, Victor Hugo, demain peut-être Tolstoï, ont été pour leurs admirateurs de véritables demi-dieux auxquels ils ont prodigué un encens et des adorations qu'ils refusaient à l'Être suprême (1). Demi-dieux, vous sa-

(1) Une punition qui n'a jamais manqué à l'athéisme, c'est l'idolâtrie des grands hommes poussée jusqu'au ridicule, jusqu'à l'absurde.

— Le ciel sans Dieu, c'est pour l'athée lui-même un vide

vez dans quel sens je l'entends, s'appliquerait avec
plus d'à-propos aux maîtres de la pensée : Platon,
Aristote, Descartes, Leibnitz même, dont l'empire a
été plus durable (pour les deux premiers surtout
il dure encore), que celui des plus fameux conquérants ; mais ce titre, au lieu de leur plaire, offen-
serait leur modestie et leur bon sens : ils n'en vou-
draient à aucun prix.

— A plus forte raison la modestie, l'humilité, le
bon sens des grands philosophes chrétiens que
vous ne nommez pas, et j'en devine les raisons.
Mais pourquoi n'avoir pas ajouté Kant à Leibnitz ?
Kant n'est-il pas, lui aussi, un des grands et très
grands maîtres de la pensée ?

— LE DOCTEUR. — Pas au sens que je donne à
ce mot.

— Et quel sens lui donnez-vous ?

— LE DOCTEUR. — Celui qu'au fond de l'âme
vous lui donnez vous-même, je n'en doute pas un
seul instant.

Peut-on dire, en effet, qu'il est un maître de la
pensée, égal aux plus grands, qu'il apprend aux
autres hommes l'art si difficile de penser, de développer la faculté de penser dans toute son étendue,

immense et insupportable où il jette tour à tour, pour le
combler, tous ses grands hommes divinisés, mais sans
qu'il y paraisse seulement, et que l'abîme en soit moins
profond. (*Pensées et Portraits*, page 46.)

le philosophe qui s'attarde dans les régions moyen-
nes de l'âme humaine, qui ne s'efforce pas chaque
fois que l'occasion s'en présente, et rien n'est plus
fréquent, d'élever nos sentiments et nos pensées,
nos cœurs et nos esprits jusqu'aux régions supé-
rieures du monde divin, jusqu'à Dieu lui-même ?
Fût-il doué du plus puissant génie, que m'importe
dans ses écrits les plus vantés, l'analyse de l'entendement poussée plus loin, on l'assure et je n'y contre-
dis pas, que chez aucun de ses prédécesseurs, s'il
emprisonne la raison dans la raison, avec défense
absolue de sortir d'elle-même, de faire appel à la
raison d'autrui, à la raison de ceux qui, dans la
suite des âges, passent à bon droit pour avoir le
mieux usé de leur raison, et qui ont su découvrir
et faire connaître aux autres hommes la Raison
suprême, éternelle, d'où nous vient toute lumière.

Or, ce qui me troublait le plus durant cette année de ma classe de philosophie, c'était de ne jamais voir apparaître au terme des analyses kantiennes fidèlement reproduites, j'aime à le croire,
par mon professeur, la conclusion, le dernier mot
que nous attendions avec impatience. Si Dieu se
laissait entrevoir tout à la fin, après être demeuré
jusqu'à ce moment dans le piteux état de quantité
négligeable (1), c'était presque uniquement pour

_____

(1) « Pour dire vrai, cette impossibilité où nous sommes de concevoir comme possible la parfaite harmonie du

combler une lacune de la théorie, nullement comme Principe suprême de toute vérité, source unique de tout bien, de toute beauté, encore moins comme Bonté parfaite : attribut qui suffirait, à lui seul, à nous révéler le secret de la création, et celui de nos destinées.

A votre tour de me dire franchement toute votre pensée. Le père du Criticisme n'est-il pas, grâce à l'influence qu'il exerce depuis tant d'années sur la philosophie française, responsable pour une grande part de cette indifférence à l'égard de l'idée de Dieu, de ce silence dont se plaignait avec raison M. Paul Janet? Ne le croyez-vous pas?

— J'incline fort à croire ce que vous croyez, avec cette réserve toutefois qu'ayant cessé depuis long-temps tout commerce avec les livres de Kant, et n'ayant jamais réussi à les lire dans le texte origi-nal, et même dans l'une et l'autre traduction qu'on en a données dans notre langue, sans une grande et fatigante contention d'esprit, je serais assez mauvais juge des idées que je pourrais bien n'a-voir pas comprises comme l'auteur les a conçues.

— LE DOCTEUR. — Vous parlez exactement

bonheur et de la moralité, sans supposer une cause mo-rale du monde, est purement *subjective.* » *Critique de la Raison pratique*, l. II, ch. II, paragr. 8. — Passage cité par Saisset : *Essai de philosophie religieuse. Le Scepti-cisme de Kant.* On sait ce que signifie ce mot *subjectif,*

comme Villers : il est même plus affirmatif que
vous sur l'extrême difficulté qu'un Allemand et
un Français éprouvent à se comprendre en matière philosophique. Lisez, pour vous en convaincre, une Note de son livre qui m'a beaucoup sur-
pris ; vous la trouverez, si j'ai bonne mémoire, au
bas d'une des dernières pages de l'Introduction (1).

— Raison de plus pour que je m'abstienne de
juger une philosophie dont les complications ont
embarrassé des esprits mieux informés, et mieux
doués que n'est le mien. Je cède donc à l'opinion
commune.....

— LE DOCTEUR. — Est-ce à l'opinion commune
ainsi que l'entend et s'y range, non sans une secrète malice, Mme de Sévigné dans une de ses lettres qui n'est pas la moins connue, la moins souvent citée ?

— Soit : mais à condition que vous en retran-

(1) « Chacun sentira..... qu'il y a une divergence totale dans les idées, les vues, la culture, en un mot, d'un
Français et d'un Allemand, et qu'ils ne peuvent jamais
parvenir à s'entendre ; l'un voit et entend dans un livre,
dans une expression, tout autre chose que ce que l'autre
y voit et y entend : la dispute est interminable entre eux...
On a beau même traduire, imiter, paraphraser, on ne tra-
duit que la lettre morte. L'esprit vivant que l'interprète
n'a pu saisir reste caché. »
Charles Villers : *Philosophie de Kant*, Introduction,
pages LII et LIII.

chiez jusqu'au plus faible soupçon de malveillance.
J'accorde donc à Kant tous les mérites que non
seulement l'opinion commune, l'opinion régnante,
mais les juges les plus capables et les plus équita-
bles lui concèdent : celui d'une vie à tous égards
exemplaire, d'une vertu austère, — mieux que la
vertu d'un Stoïcien, — d'un labeur incessant, cou-
ronné de succès dans ses recherches sur quelques
problèmes de la nature, dans un grand nombre de
ses réflexions sur le beau, le goût, les arts, le jugement, surtout dans la vigoureuse polémique où
il réduisit au silence les défenseurs d'un scepti-
cisme très clairement exposé, et qui se serait donné
volontiers comme le dernier mot du bon sens.
J'accorde aussi qu'à l'époque où Kant commença
de penser et d'écrire la Pédagogie était à peu près
inconnue, et qu'il en a, à son grand honneur, découvert ou retrouvé les principes.

Tous ces services rendus à la philosophie, à la
vérité, méritaient à Kant une reconnaissance et des
éloges qu'on ne lui a pas ménagés. Pourquoi faut-
il qu'un doute plus subtil, plus raffiné, ait bientôt
remplacé dans son esprit, grâce à je ne sais quelle
inquiétude ou quel orgueil de la pensée s'exagé-
rant ses droits sur la vérité, la voulant sans ombre,
sans nuage, et refusant de s'incliner devant le mystère partout présent de l'Infini ; pourquoi faut-il
que ce doute ait remplacé celui que le philosophe

avait combattu avec un succès décisif? Dès lors on
a beau multiplier, accuser plus nettement les dis-
tinctions du subjectif et de l'objectif, c'est dans le
premier que tout se résume et se concentre, que
tout finit par s'absorber. C'est le Moi qui se subs-
titue à Dieu non pas sans doute nié, mais oublié, mis
à l'écart jusqu'au jour, où dans une heure critique
pour la théorie, on se souviendra qu'il existe et
on l'appellera à son secours. C'est autour du Moi que
désormais tout gravite, et si le Maître recule devant les conséquences de cette première et capitale
erreur, les disciples ne s'attarderont pas à ces scru-
pules, et sans plus de façons, ils placeront le Moi
au premier rang; ils feront sortir toutes choses de
lui, ils le chargeront même un jour de *créer*
Dieu.

Avez-vous lu, docteur, la lettre de Schiller à
Gœthe, lettre où il raille agréablement la nouvelle
philosophie de Fichte, son collègue à l'Université
d'Iéna, philosophie fondée tout entière sur le Moi.
Elle est datée, je crois, de 1794 (1), c'est-à-dire
dix ans avant la mort de Kant dont Fichte s'hono-

---

(1) Exactement, du 28 octobre 1794. Cette lettre a été
traduite et publiée (Correspondance choisie de Gœthe et
de Schiller) par M. J. Gérard, ancien professeur de philosophie à l'Université de Nancy, décédé Recteur de
Montpellier.

rait d'être le disciple, et dont il aspirait à devenir le continuateur.

— LE DOCTEUR. — J'en avais entendu parler, et Victor Cousin y fait allusion quelque part, peut-être dans son *Histoire générale de la philosophie*, mais je ne l'ai point lue. Pourriez-vous me la procurer ?

— Très facilement et très volontiers : je vous l'apporterai à ma prochaine visite, dans deux ou trois jours. Ma pensée, je dois vous l'avouer, s'était durant de longues annnées désintéressée de l'Œuvre de Kant qui avait toujours eu pour elle peu d'attrait. Elle y revient aujourd'hui, depuis qu'on place, à tort ou à raison, sous son patronage, un nombre toujours croissant d'autonomies : autonomie de la pensée ou libre pensée, autonomie de la raison individuelle, autonomie de la conscience morale, autonomie de la volonté, je ne sais combien d'autres. A défaut de ses livres que je n'ai plus le loisir ni le courage d'étudier dans le texte original ou dans la traduction, je recueille, je rassemble de mon mieux les souvenirs, et surtout les impressions qui m'en restent. Une image alors se forme et se présente à mon esprit, presque toujours la même dans l'ensemble et les principaux détails correspondant aux différentes phases, et aux différentes parties du Système dont je n'envisageais tout à l'heure que les préliminaires et les accessoires. Donc il me semble apercevoir à la lumière voilée d'un ciel brillant d'étoiles, — ce même ciel dont la contemplation remplissait l'âme de notre philosophe d'une joie et d'une paix profondes, — un édifice immense dont les corps de logis, les uns très grands, presque imposants, les autres beaucoup plus petits, mais entièrement séparés les uns des autres ou maladroitement reliés entre eux, font naître dans l'esprit l'idée de quelque chose de grand, et toutefois d'incohérent. Mais ce qui manque encore plus que l'unité à ce prodigieux et bizarre assemblage, c'est la pure, la brillante, la vivifiante lumière du soleil.

— LE DOCTEUR. — Ce soleil, je le vois apparaître, monter à l'horizon : c'est l'idée de Dieu.

— Et plus que l'idée de Dieu, docteur, l'amour de Dieu, la foi en sa Providence, en un mot tout ce qui fait de lui, au lieu de la plus haute des abstractions, ou même de la plus sublime des idées, l'Être suprême, la source unique et inépuisable de l'être et de la vie; et pourquoi ne pas le dire, un père pour les créatures dans l'âme desquelles il a déposé quelque chose de sa sagesse, de sa pensée, de son amour, de sa bonté sans mesure. Toute philosophie qui n'a pas son soleil, fût-elle l'œuvre du génie, est une philosophie où l'ombre et la lumière, en de perpétuels conflits, n'apportent à l'âme que le doute et l'incertitude, où *l'obscure clarté qui tombe des étoiles,* pour emprunter un vers à Corneille, occasionne plus de chutes qu'elle n'en prévient.

— LE DOCTEUR. — Ai-je besoin de dire que je pense ce que vous pensez ; mais les convictions s'affermissent au contact les unes des autres ; la vôtre n'aura pas été d'un faible secours à la mienne. Et pour répondre à la figure dont notre grand Corneille a fait les frais par une figure plus banale, mais qui doit avoir aussi quelque part l'appui de quelque poète, je vous dirai que ma résolution est bien prise, à partir de ce jour, de ne puiser qu'aux sources les plus pures de la vérité, à celles dont la limpidité et la salubrité ne me laisseront aucune inquiétude. Vous me donnerez, je vous prie, la liste de ces philosophes de haute lignée, de sûre doctrine auxquels vous faisiez allusion tout à l'heure, et dont les écrits, comme autrefois leurs discours, enseignent la vérité, la vérité totale, sans jamais la trahir, sans la diminuer, et surtout sans la séparer de son éternel Principe. Mon goût a toujours été vif pour la poésie et pour la lecture des poètes anciens et modernes ; toutefois mes préférences vont, depuis plusieurs années, uniquement à ceux qu'un suffrage unanime a proclamés maîtres dans cet art divin. Je ferai de même pour les maîtres de la pensée ; je n'irai désormais qu'aux plus parfaits, à ceux qui méritent sans conteste ce beau nom, et dont je dirais volontiers ce qu'on dit de quelques grands poètes, qu'ils sont des chantres divins.

— C'est le titre qu'on a depuis longtemps décerné à Platon, au divin Platon, peut-être pour ce motif que seul ou presque seul des philosophes du premier rang, il est poète, et grand poète à ses heures. N'est-ce pas Bossuet qui, parlant d'Aristote, proclame qu'il a parlé divinement ou de Dieu, ou de la raison, ou peut-être de l'un et de l'autre : il ne m'en souvient plus exactement. Mais ce sont là des exceptions.

— LE DOCTEUR. — En voilà deux déjà ; je ne doute pas que si nous cherchions bien, nous en découvririons d'autres : mais ces deux là me suffisent. J'irai plus loin, et jusqu'à dire qu'ils mériteraient d'être appelés non pas des dieux ou des demi-dieux, mais des hommes divins tous ceux qui épris de l'Infini et du Parfait : poètes, philosophes, architectes, sculpteurs, peintres, musiciens, élèvent par leurs sublimes conceptions, par leurs chants, leurs chefs-d'œuvre, ... pensée, mon cœur, mon âme entière vers Celui qui est toute Vérité, toute Sagesse, toute Beauté. Êtes-vous satisfait; mais si je vais trop loin ne m'en faites pas un reproche, car.....

— Je m'en garderais bien, et si c'est peu de chose, ou rien, que notre protestation solitaire con-

tre un silence déjà réprouvé par M. Janet, et aussi
contre l'influence néfaste dans la philosophie française d'un génie si différent du génie national épris
avant tout d'ordre et de clarté, nous nous serons
donné la joie et nous garderons le souvenir de l'a-
voir faite ensemble par une belle journée de printemps, dans une fraîche vallée, au pied de monta-
gnes imposantes, au sein de cette nature à la fois
souriante et sévère où s'unissent tous les contras-
tes de la grandeur et de la grâce. Elle s'accorde,
elle du moins, avec nous, pour proclamer l'intelligence, la puissance, mais surtout la beauté et la
bonté de son auteur, et pour le glorifier. »

Depuis quelques instants déjà, les lointains ac-
cords du concert qui réunit sous les arbres du parc
les promeneurs dispersés commençaient à se faire
entendre : c'était l'heure de mon rendez-vous avec
M. Janet. Nous nous séparâmes au point où la route
qui conduit à Villeneuve-d'Uriage, — petit hameau
dont un magnifique Sully ombrage l'humble cha-
pelle, — vient rejoindre l'avenue où péripatéticiens,
et, si l'on aime mieux, académiciens improvisés,
nous philosophions depuis plus d'une heure.

DU MÊME AUTEUR :

Chez A. PEDONE, libraire-éditeur
Paris, rue Soufflot, 13.

I. **De la Pensée et des Éléments primitifs de la Pensée**, un vol. in-12, 1903.

Préface. — De la Pensée. — Des Caractères les plus apparents de la Pensée. — Le bon Sens et le Sens commun. — La Parole. — De l'Objet dernier de la Pensée. — Trois Moments de la Pensée. — Petit Commentaire du discours de Saint-Paul à l'Aréopage. — La Philosophie et la Science. — Les Femmes et le Progrès de la Pensée.

De la formation et des degrés de la Pensée. — Les Sociétés et les Éléments primitifs de la Pensée. — L'Église et les Éléments primitifs de la Pensée.

II. **Pensées et Portraits. — Notes et Réflexions**, un fort vol. in-12.

(Cinquième édition de *Notes et Réflexions*, 1898, 518 pages.)

III. **L'Histoire et la Pensée**, un vol. in-12.

(Deuxième édition des *Pensées sur l'Histoire*.)

Le Caractère national et le Génie de la France, conférence, 1900, 57 pages.

IV. **Le Beau, l'Art et la Pensée**, un vol. in-12.

Lettres et Journal de la Montagne.

V. **Philosophie religieuse. — Dialogues et Récits,** un vol. in-12.

Le Songe de Platon. — La Naissance d'une Philosophie. — Plaisir et Douleur, Joie et Tristesse.......
..... L'Angelus. — L'Ermite d'Auteuil. — *L'Idée de Dieu.*

VI. **De l'Esprit et de l'Esprit philosophique,** un vol. in-12.

De l'Esprit philosophique : liv. I, ch. i-xv; liv. II, ch. i-xiii.

De l'Esprit : La Culture de l'Esprit. — La Curiosité d'Esprit. — La Liberté d'Esprit. — La Mesure.....
Pensées sur l'Esprit.

DU MÊME AUTEUR :

Chez A. PEDONE, libraire-éditeur
Paris, rue Soufflot, 13.

www.ingramcontent.com/pod-product-compliance
Lightning Source LLC
La Vergne TN
LVHW022019080426
835513LV00009B/798